JN424956

대덕문학시선 001

# 데생, 그리고 독백

소란(小蘭) 강옥희(姜玉姬) 지음

다래헌

CIP

데생, 그리고 독백 : 소란 강옥희 시집
지은이 : 강옥희
대전 : 다래헌, 2018
(대덕문학시선 ; 001)

ISBN 978-89-87122-79-3 03810 : ₩12,000

한국 현대시[韓國現代詩]

811.7-KDC6
895.715-DDC23 CIP2018008059

## 서문

나신의 태양이 가로수에 뿌려 논 언어, 악착같은 삶의 오후는 여백이 없었습니다. 잠을 잃은 새벽이면 긴 시간을 헤쳐 나갈 용기가 바로 글 쓰는 일이 아니었나 생각됩니다. 추억을 털고 일어서려니 보내는 계절만큼 힘이 듭니다. 단조로운 일상을 가슴에서 꺼내면 기쁨과 아픔이 반반씩 자리하여 가슴 속에 사랑과 이별을 함께 묶어둔 그리움의 방이 있었기에 마음에 실려 오는 생각들을 품어 세상 밖으로 내보내지 않나 싶습니다. 심어놓은 생각이 자라지 못해 아쉬움이 체득된 글이기도 하지만 별이 잠든 새벽의 청빈한 언어는 뇌 속의 반란을 잠재우기도 했으니 글로써 스스로의 상처를 보듬고 토닥이며 마음을 충분히 진화시켰으리라 믿고 싶습니다. 제게 다녀간 세월을 글로, 세월의 주름에 역사를 쓰듯 제 마음을 썼습니다. 가파른 구릉丘陵을 구름이 넘듯 순조롭게 남은 세상을 열며 새 봄도 맞으러 갑니다. 책이 나오기까지 용기를 주신 분들에게 감사한 마음을 전합니다.

2018년 초봄

소란 강옥희

**목차**

# 흑조

흔들리는 눈동자 속에 감춰 둔
절개 잃은 더듬이
서둘러 돌아가는 뒷모습조차
가슴 에이던 밤
보호색이 될 수 없음이 스미고 스미어
하얀 숨소리 뱉어내며 스스로 위안했다
슬픈 배역을 맡았을 뿐이다
투명한 생각은 바수어 버리고
몸을 적시는 정갈한 기억조차 베어내며
원시적인 생각이 편하고 좋아서
묵묵히 너의 삶을 닮아 가리라
아픈 나를 스스로 껴안는 일,
어수선한 기억들을 말리는 일,
마약 같은 너를 외면하는 일은
부푸는 꿈 조각을 철저히 떼어내는 일이다
사흘 밤낮을 울고 나면 그뿐,
절망의 분자로 남지 않을 것을
묵묵히 너를 버릴 수 있을 것을
사랑했으므로

# 다시 노트북을 열며

꽃 지듯 마음 지는지
문장과 시가詩歌의 풍부함을 잃어버리고
자음과 모음이 분절되듯
수사법의 갈무리도 염증 난 날이다
글을 쓸 수 없었던 시간이 길었다
잊고 지냈던 시간을 다시 꺼내며
오후의 하품 같은 나른함과
분분한 마음까지 정리할 수 있을까

보이지 않는 광기에 시달린 으스름 저녁
혈관을 타고 끝없이 뼛속까지 적시는 것
알코올 없이도 치유가 되는 건 마음이라고
철없는 생각 깨우치려 꿈길로 달려오는 그대,
툭, 건들면 터질 것 같은 심장의 오열도
듣고, 참고, 품으라했지

가끔, 번개도 쳐주고 맞아주는 사람들은 조용한데
두문불출 창밖만 바라봐도 사건 사고의 주인공이 된다
길들인 고독은 말이 없는데 주변이 요란하다
흠집 내는 일이 그리 재미있고 신날까

날개 달린 소문은 시너지synergy 효과가 필요한 듯
참새들 입술이 닮고 싶은 오늘,
떨치고 일어나 도약해도 기력은 소모하지 말자
자신에게 상처 내는 모습 그리 이쁘지 않다
바라보는 중심에서 벗어나 부상하리라
어느새 예쁜 생각이 커지며 어깨에도 날개가 달린다
무중력 상태가 이런 것일까
언제나 나를 가두고 일으키는 건 문학이다.

# 해질녘

생각이 교차하는 동안
한낮이 기울고
정지된 사물이
세상 속에 쏟아놓은
어지러운 언어로 습기 찬 오후
그리운 생각들이 찾아와
자꾸만 말을 건다
기대고픈 나른함
허공에 뿌려져 파생되는 집착이
아리도록 힘겨운 날엔
아주 작은 슬픔까지도
건져내는 하루치의 고통이
함께 기울면 좋겠다.

# 9월

기억이 어둠에 익숙한 새벽
어지러운 생각의 꼬리는
의식 속에 묶어두고 별들을 센다
생각이 머무는 어디쯤에
쓰린 기억 하나가 매달려있다

보석을 뿌려놓은 하늘
별자리 마다 그리운 마음 새겨놓고
바람이 허공을 가르는 날엔
가슴에 넣어둘 일기를 쓴다

마음을 도둑맞은 9월
그리움의 바탕색은 갈색이었을까
넘치도록 아름다운 계절에 밀려
사랑도 희망도 커져가고
바라보는 눈빛 하나로도 좋은 계절엔
목마른 그리움을 풀어놓자.

# 강변 연가

한마디 불평 없이 은밀한 사랑을 키워
겨울 강은 언 가슴을 푼다
질펀한 덫에 뿌리를 닫았어도
짜릿한 말투와, 살갗마다
바람을 부벼 웃음으로 핀다
나른해진 오후엔
구름을 편승시켜 낮잠을 재우고
푸석푸석해진 몸을 환상으로 살찌운다
너와 나의 추억을 녹여
길을 만든다 다시, 강을 짓는다.

# 첫사랑

아프다
들꽃 위로 내리는 소나기
그 잎새에 박힌 외로움
우수에 젖는 일로만 일관할 수 없는
답답한 구름의 노래를
깔끔한 문체로 엮어낼 수 없는
젊음이 하늘을 윽박지르고 있었다
던진 한 마디가 등살에 꽂혀 아프던 날
겸손을 배우지 못한 철없는 믿음이
동전을 넣어 쏟아내는 커피 같다
그리움이 출렁이는 심연
누구와도 견줄 수 없는
주절주절 넋두리 많은 사랑을
기억에 부쳐 떠올리는 일은
잃어버린 보석처럼
약 오르고 속상한 일
몇 초도 걸리지 않고 쏟아냈던
삐딱한 심술에도 웃음을 주던
탱글한 젊음이
날짜와 요일을 지운들 다시 올 리 없다.

## 그날

가슴에 들어있는 현絃이
통제구역을 벗어났다
상처에 뿌려 논 알코올에
싸한 통증이 멈추고
선과 악이 상식을 넘어선 새벽
멋지게 포장한 독이 든 얼굴에
쉽게 속는 세상
그런 눈을 가진 그녀가 궁금한 날 있었다
시장기를 느끼던 어느 저녁
목소리 바꾸며 두 얼굴을 했었지
아직도 그 시간은 미제로 남아
가끔씩 영혼을 괴롭힌다
이성을 보면 반짝이던
눈동자 속에 감추어진 미소
그건, 어둠속에서도 느껴지는
피에로의 얼굴
중언부언 어눌함이 조각나는 밤
뽀얀 속살보다 하얗게 느꼈던 표정 위로
쏟아져 내리는 별
그래,

밤이였었어
개념 없는

# 단편 소설을 쓰며

목적을 낮추고
문체와 운율을 벗어나보는 시간이다
나열해 놓은 문장을 독려하듯 가속을 부치고
개념화된 단어를 부각시키며
애매한 글 고쳐본다
죽은 시간을 벗어나보려
지지리 한심한 마음 골짜기 노출 시키며
자아로 돌진하던 무수한 문자들,
부재의 시간들이 웃음 사이로 숨었다
장애에 부딪친 주어와 목적어가 허둥대니
서체를 고르는 손도 길을 잃는다

구겨진 은유의 문자를 바르게 펴본다
간결한 언어 구성이 때때로 흔들려
구체적이고 직접적인 심상 표현이 어렵다
관습에 얽매인 무력감과 상실감으로
머릿속에 잠재된 단어의 옷을 입혔다
마음 같아선 제 무게를 벗어난
가볍고 사랑스런 음절로 매치시키고 싶었다
뜻대로 써지지 않는 글

설득력 있는 설명이 되기 위해
글 속에 휩싸인 시간들,
정적이 흐르고 고뇌하던 글이 완성되었다
문장을 끝낸 후의 시원함, 그리고 아쉬움
글 쓰는 시간 내내 강건할 것이다 를 주문하며
전쟁 같던 시간을 지운다
글을 도피하는 길은 책과 멀어지는 것이다
그러면서 또 다가서는 모순, 글을 사랑하는 이유다.

# 별보다 고운 눈물 내 안에 가두고

저리도록 숨찬 흐느낌을 가슴에 묻고
단절된 웃음의 의미를 되짚으며
극심하게 자신을 내몰고도
더는 어리석지 않다 말했다
무참히 깨진 현실은
고독한 마음을 손상시키고
주술에 걸린 듯, 분명한 의식도 없이
헤어진 그 밤이 아프고 절실해서
사무치게 미쳐본 적이 있는가

인생의 중대한 비극에 맞닿아 휘청거리며
사위어 가는 눈웃음으로
건널 수 없는 악천후의 강을 거슬러
황급히 떠나야 함은 능력 밖의 일이다

내 안에 허물어지고, 부서지며
몸살 같은 통증으로 쓰러져가는
자아를 일으켜 세우는 저항의식
또 다른 열정은 분노다, 반란의 함성이다

목적을 위해 뛰는 원시적인 생각이
아프도록 싫지만 버리고, 비웃고, 팽개치며
다시 걷는 이 길
터질듯 한 심장의 무게를 조금씩 달래며
투명한 공기를 만나고 싶다

별보다 고운 눈물 내 안에 가두고
습기 찬 미소로 돌아오는 어수선한 감정
기억의 수레는 이제 저 멀리로 보내고 싶다.

# 데생, 그리고 독백

흐린 하늘에
그늘진 마음을 담아낼 단서는 없어
어제까지 품었던 한숨이
완벽한 거짓이 되어 날아가겠지
기다리는 시간이 너무 힘겨워
기억의 세포들이 어제의 추억을 접었어

근사한 표정이
무의식의 반경으로 걸어 들어온 순간,
이미 예감했었어
일인칭 화자로
그려지기 시작한 그리움이란 걸
언제나 나의 시작은 서툴렀어

넘어야 할 산과
건너야 할 바다가 얼마나 깊을지
두려움 없이 다가선 그 순간에도
존재의 각인은 싫었어

무게로 따져 아픈 눈물이라면

서두르지 말자
집착하지 않아도 목이 아파
돌아설 때 가슴에 만져지던 체온이
냉랭한 한기였었지
그래도 씩씩하게 이 겨울을 살아낼 거야.

# 독백 하나

너의 잔잔한 가슴으로 걸어 들어가
안주하고 싶은 날
얼음 같은 생각의 줄을 길게 늘여
뜨거운 심장에 연결하고 싶었어
머무를 수 있게 경계를 풀고
플루트의 그윽한 선율로
언 마음을 녹여볼 거야

어둠을 질주하던 그 밤이 생각났어
갑자기 퍼붓던 비
휘젓던 두 팔에 힘이 빠지고
귓불에선 단내가 났지
각인된 입술이 메아리처럼 슬프다 지금

기억의 뒤란에 뿌려 놓았던
소소한 추억들이 떠올라
힘들고 지칠 거란 거
이미 예감하고 있었어
늪에 빠진 감성을 일깨워준 그 밤

그래도 마음을 닫아걸 거야
발에 맞지 않는 신발은 벗어 들고
편하게 걸어볼 거야.

# 방사능 고등어

서툴렀다 시작도 끝냄도
맨 땅에 엎드린
물고기의 물거품 같은 사유思惟
그 발칙한 뇌 속을 뒤적이다
아픈 저녁을 불러들였다
삶을 토막 내며 목젖까지 소금을 치던 시간
독가시인 줄 모르고 주는 족족 삼켰다

흐려진 안구는 착각을 매달고 무지개라 생각했다
멈춰버린 지구를 다시 돌리며
잠시 곁을 주었던 죄
곱던 마음 훔치던 간교한 혀의 사악함이여

찢겨진 영혼 꿰매며
비웃음조차 아까운 시간이 저만치 서있다
바탕에 깔린 비겁한 비린내
모략에 베인 상처 아물 때까지
고통 되씹으며 그대로 서 있어라.

## 천국과 지옥의 계단 앞에서

가식과 편견의 허울 좋은 하루가
꿈이든 희망이든 만들고 그리다
좁은 틀 안에 갇혀 피 같은 눈물 쏟았다
원망의 흉터를 곳곳에 방치하며 살아 있다가
모두 놓아버리고 한 뼘도 모르는 세상을
다 아는 듯 그런 삶을 살았겠지
미련 없이 훌훌 떠나는 마지막 길이다

과분하게 바람으로 구름으로 비가 되어 살았다
이정표 없는 미로에 도달하는 길은
앞뒤로 눌린 생사의 질곡이다
무시로 던져지는 인내의 객실을 향하면
종착역은 30분

불길이 마음을 씻겨내는 동안 흘렸던
땀과 눈물 같은 건 타버린 지 오래다
재산도 명예도 가져갈 수 없는 길
높은 연봉, 짭짤한 연금도 모두 불속으로 떠난다
장의 버스도 아닌 리무진에 실려 와본들
사각 통속에 들어가 활활 타오르는 건 피해갈 수 없는 길

# 블랙커피

이 거리가 왜 이리 낯선지
추억을 놓고 싶은 아침
지쳐가는 말장난이나
수식어 따윈 이제 필요치 않아
내 속에서 나를 허무는 소리가 들려
가슴에서 떠나지 않는 천둥소리에도
세상 사람들 반이 너로 인해 행복하다

전설처럼 깊숙이 들어와
여운을 남기고
따뜻한 온도로 녹여
단장하지 않아도 좋은 짙은 내면을
아침이 만나고 있다
수분 함량 초과도 용서치 않는
무질서를 정리한 순수한 향기

너를 몰랐던 시절
촌티 나는 자판기 커피도 좋았지만
어느 날 네 곁으로 다가간 이후
도전하는 맛의 테러에 압도당하고

발칙한 마음 품은 걸
조금은 부끄러워했어

이제는 리필이 필요한 너를
사랑이라 말해도 될까
은박지처럼 구겨졌던
자존심이 회복될 쯤엔
언제나 내 곁에 있어주었지
마음 울적한 날엔
다정한 친구로, 연인으로

# 백두산

그리운 산 천지는 안개비에 쌓여
가슴으로 쏟아지는 바람을 품으며
북풍에도 아름다운 야생화를 피워냈다
감격에 젖기도 전, 아파오던 영혼
억눌린 위대함이 몸살을 앓고 있었다
가쁜 숨 몰아쉬며 열병인양 토해내던 절규
혼미해진 영혼이 숨 고르기를 한다

천지의 마음은 유리 같아서
여름이 싫어 발버둥치는 산
태풍의 눈 같은 매서운 바람을 안고
이마 위를 구르던 빗방울
체온이 식어버린 천지가
천지로 앓고 있었다

절망 속에서도 빛이 되었던 산
그 파란 웃음이 마음에 닿아
하얀 서릿발로
몸에 박힌 슬픔의 옹이가 삭혀지도록
나머지 계절엔 따뜻한 체온으로

멀어져 가는 작은 행복이
큰 기쁨이 되어 흐르기를

# 빈집

어리숙한 믿음이 가슴에 심은
수심의 깊이만큼 자라난 고통이
아픈 세월 한 꼭지를 지워갈 때
뒤척이는 기억 너머엔
아직도 노란 얼굴이 길을 헤치며
단숨에 달려 나온다

골수에 사무친
긴 세월에도 쏟아내지 못한 앙금,
활자마다 배인 아픔의 시간들,
반기지 않는 빈 뜰이 있었다

물만 주어도 보채지 않는
콩나물로 살아줬으면
따뜻한 가슴 여전했을까
시루 가득 음표들이 튀어나와 눈물을 만든다
한 소절 받아 부르기도 힘든
노란 얼굴이 안개로 덮인다

달려 나가도 손 잡아줄 마음 잃어버리고

저물어 가는 어깨 내어주며
기댈 수 있게 해주었으면
시작과 끝남이 쓰리지 않았을까
마음 둘레에 울타리를 치고
기억을 눕혀도 차오르는 이름 하나
그대, 사랑하는 이여.

## 자명종과 시인

다섯 개의 반음과
일곱 개의 온음이 열어주는 아침이다
투정부리듯 뒤척이던 잠 깨워주는 자명종
시인의 음표가 나풀나풀 나비가 되는 시간
나비를 따라가면 마음에 박히는 보석
아름다운 광휘여,
소음되어 뜯겨지는 일력이 아닌
운명에 예속되지 않는 하루로 살고 싶다

기승전결이 한심한 글 한 편 꺼내놓고
공허한 눈동자
가슴에 든 상처가 심호흡을 한다
베인 마음 쓰리지만 홀로 독려하며
정점이 되고 그늘이 되는 일을 즐겨보리라
벗어나고 싶은 궤도의 법칙은 침묵이다
시인은 이유나 변명이 싫어 진실을 삼킨

## 애리조나 세도나(미국)

서부 개척자들의 만행으로 죽임을 당한
인디언의 넋을 달래려
신은 자비의 손을 들었다
황톳빛 붉은 흙,
아름다움의 자체, 눈부신 땅
인디언이 살았고 카우보이가 있었던,
지금도 인디언 보호구역이 있는 곳
군데군데 치유의 기가 흐르고
사람들의 발길을 묶어 두는 곳
저 높은 기류에 닿아있는 신의 자비가
상처를 보듬는 눈부신 기적이여.

# 해바라기

흐려진 본능의 실마리가
엉키고 도태 되어
쓸모없는 폐품인 줄 알았다
희열로 적셔진 고뇌는
상처의 붕대를 풀어내도
실핏줄 길이만큼
어지러운 길을 만들어 간다
잴 길 없는 내면을
천치 같은 잣대로
헤집을 이유가 없음이다
원하는 방식대로
자유로우면 그 뿐,
얽매이고
수고하지 않아도 되는 일이다
언제 멈출지 모르는 경계를 짓고
속내를 읽으려
조바심 하지 않아도 되는
편안한 길.

# 에스프레소

쓴 약보다 더 독한 너
비켜갈 여지를 주지 않는다
쓴 눈물 다스릴 기운조차
내겐 없었으므로
오늘을 잊고 사는 방법이 이것밖에 없다
커피를 갈며 허망한 웃음 웃었다
향기만으로도 흐뭇한 너를 향한 마음
독해질 수 있는 데까지 가보기로 했다
어디에 걸려 넘어진 걸까
담지 못할 이유를 찻잔에 넣고
탁 트인 희망과 용서로
우리 매일 출렁이는 작은 바다가 되자
시간을 담고 향기를 담는 동안
조금씩 잊혀지는 것,
그렇게 잊어가는 것.

# 기억을 묻으며

푸르름을 느끼기엔 너무 멀리 와있는 생각,
오감을 자극하던 문체들의
찬란한 고백은 어디에 있는가
청옥 같은 미소는 어디로 갔는가
램프를 꺼버린 날들이,
진부한 생각이,
억제된 감성이,
부재의 공간이,
색조의 소멸이,
지쳐가는 세월이,
거대한 캔버스에 그린 세월을 지워본다

마음을 바삐 왕래하던 시계추가 멈췄다
서두르지 말고 천천히 걷자
열망하던 일들이 머물 수 있게
반기지 않아도 돋아나는 풀처럼
가벼운 상처 하나 둘 캐 버리고
닫혀버린 시야에 떠난 시간을 채우자
나를 쏟아내는 시간이 아프지 않도록
하늘을 활공하는 바람처럼
표현할 수 없는 자유로 날아보자.

# 외출

은유의 물결을 넘어서
생각의 바퀴엔 구름만 매달려있다
떠나는 마음은
기억을 버리고 건너는 다리
기억은 남은자의 몫이다
행간마다 고인 사연이
밀서를 품은 가슴 같다
근심을 닦아줄 고운 손수건 하나
이승에 체류한 시간만큼 달게 받아야 할 벌
허물을 용서치 말라
흘렸던 눈물도 용서치 말라.

# 글 쓰는 이유

눈부시게 활짝 핀 감탄사와
가슴 때리는 순간의 절벽이 좋아서
시를 쓴다
사물의 속내까지 유추해 반영하고
이유를 묻지 않는 관심을 놓으며
실체는 없어도 느끼는 깊이로
파고드는 내밀한 독선을 분해하여
시안이 어둡기 전에 데려와야 할 것을
타다닥 키를 두들기는 소음이 즐겁다
성큼 내딛는 걸음보다 경쾌하게
그늘진 마음 벗어 놓으며
경직된 세월 함축해 놓고
체득된 지난 시간을 깨워
필력에 박차를 가하며
푸르고 빛나는 새날을 펼치려 떠나는 길
오늘 콘셉트는 파랑이고 싶다.

# 해프닝 1

시선에 묻어있던 어색한 눈웃음,
등살에 꽂히던 알 수 없는 무게,
답답한 집착의 그늘을
그때는 왜 감지하지 못했을까
설탕 같은 고백도 돌아보니 소금이다

착한 나무로 서 있었던 여러 해가
거짓으로 포장된 마술이었나
굳은 살 같은 욕심 두껍게 붙이고
사랑을 거절당한 억울한 얼굴로 서있다

저격당한 숱한 날,
표독스런 입술이 뱉어 낸
소태 같은 광기가
눅눅한 이불 덮은 것보다 불편하다
민낯이어도 좋았던 시선은 사라지고
고마웠던 기억 말갛게 지우고 간다.

# 해프닝 2

목을 늘어뜨린 피에로는 기막혀 웃고
둥근 지붕 아래 배부른 화신은
불에 댄 듯 아우성이다
네가 울고 내가 웃으면 또 어떤가
무지렁이 발에 밟힌 상처는 아무 말 없는데
네가 서고 내가 떠나면 또 어떤가
억울하다 벽을 기어오를까
멀쩡한 나는 쪽팔려 죽고
덜 떨어진 너는 지은 죄가 겁나서 죽고
둘이서 한 사람 물고 뜯어도 질기긴 마찬가지다
모자라고 넘치는 일이 세상에 지천인데
저 살자고 비겁한 술수 가관일 뿐이다
무장해제를 당한 너나 무장을 한 나나
어이없긴 마찬가지다
부질없는 바람은 거기까지다.

# 내가 사랑하는 그녀

나를 바라보던 눈으로 다른 곳은 보지 마
세월이 나를 데리고 가기 전까지는
홀로 서있다는 생각이 들지 않게
세상을 다 잃어버리고
모두를 잃어버리고
나는 그렇게,
또 이렇게 살아갈 것이다

립 서비스를 몰랐구나
속는데 이력이 난 나는 사람을 믿지 못한다
진정성이 있을 때 공감대가 형성되는 줄 알았고
가시에 찔려보고서야 가시인 줄 알았다
조용히 지켜왔던 순수의 의미를 벼랑 앞에 세우고
믿음의 약속들이 곤두박질친다

가슴을 쪼개며 분노를 만들 때
기억의 잔해들은 파편을 만든다
노여움이 일으켜 세우는 건 한계가 있다
기억 속을 둥둥 떠다니는
빛이 아닌 절망의 시간들이

휘돌아 가슴으로 온다

희망의 둘레를 벗어났구나 회유하는 바람이
정강이를 꺾을 때
모든 걸 잊겠다고 인지장애가 되어
아픈 시간을 보내는 지금
그래도 세상은 고맙다 아픈 나를 보듬는 일이

구겨진 마음 다리미로 다린 듯
내 소망도 기억의 주름도 사라졌다
약속을 목숨처럼 여기는 나는
기다림이 힘들다고 떼쓰지 않는다

은박지 같은 마음 들여다보며
멀어져라, 멀어져라
마음 정리 못해 헤매던 시간도
어설픈 미련을 두께로 덧대며
내게는 보이고
그들에게는 보이지 않는 그 무엇을
지우겠다고 애썼나 보다

영혼이 몸속에서 빠져나간 동굴 같다
가슴 끝에 닿아있던 꿈이 부서진다
깨닫는 마음 하나면 됐다 싶은 오늘,

낯선 이 길도 살다보면 정들겠지
시작되는 길은 언제나 서툴고
부족한 생각이 습지에 서 있다

작은 개울을 지나 넓은 강이 되어
부딪치고 부딪치다
거센 물살이 되어 바다로 간다
어떤 도전이나 도발에도 굴하지 않는
내가 될 것이다.

# 내가 사랑하는 그녀 3

안테나에 걸린 발칙한 소문보다
처참하게 도륙시킨
영혼을 건져오는 시간이 필요하다
날개가 꺾여 휘청대는 하루하루가
비루함을 맛보던 그 시간부터
부질없는 여론이나 목소리는 잊기로 했다

무엇을 감지하려 예리한 시선을 내게 꽂는지
어수선한 내면을 보려하는지
무엇을 알고자 눈빛이 반짝이는지
다를 게 없는 인간들이 무리수를 둔다

구름 속에 갇혀버린 하늘
허리 펴고 고백할게 너무 많다
가슴 쓸어내리니 변명도 고백도 백지가 된다

가려진 진실, 인내와 침묵이 능사였을까
저들은 가식을 위장한 채 덮기 위한 몸부림이다
누구의 잘못도 말하지 말라
악랄하고 잔인한 이 거센 물살을 건너야 한다

거침없는 저 만행을 견뎌야 한다

고급진 말도 찰진 말도 할 줄 모르는 그녀는
가슴에 폐허를 만들며 철없이 공허하고 외롭다
그대, 나 잘하고 있는 거지?
생각할수록 그대, 참 비겁하다
용감할 수 없으면 차라리 죽음으로 말을 하지.

# 이별 2

복도를 걸어 나가
습관처럼 물병을 소독하고
창밖으로 보이는
높아진 하늘을 본다

삶이 바닥날 즈음
솎아낼 수 없는 이파리를 보듬는 일은
비단이 찢기는 아픔이다
위로하며 서글픈 웃음 흘려도
설움이 닫혀 지는 건 아니다
누가 그에게 이 화살을 쏘았는가
누가 그로인해 이 화살을 맞았는가

병실을 다녀가는 과잉의 물결을 본다
넝쿨져 얽히고설킬 미래를 본다
겨누었던 화살이 관통되고
내밀한 속내를 덮어버린
신파극의 주인공

겹쳐진 얼굴이 아른거리고

벗어놓은 마음이 수런거린다
시간을 열면
병실의 링거 줄보다
사악한 말 한마디가
가슴을 울게 한 조곡이었다.

## 고백

수시로 캐내는 바이오리듬은
그가 연주하는 주법에 달렸다
악기보다 더 섬세한 내 몸의 작은 세포들이
그 연주를 실감나게 전해준다
열전도율에 버금가는 멜로디
웃는 미소 담아내고,
화난 표정 차단하며,
고통을 껴안는
성급한 삐짐에도 웃을 줄 아는
척박했던 정신 세계로 스미던 바람은
맑은 생각을 펴낸다
채워지는 것마다 사랑은 아니어도
생각이 교차하는 네거리쯤에
늘 바라보는 신호등 같은 얼굴이 있다
수시로 호령하고 제시하는 말투가
어떨 땐 역겹다가 어떨 땐 감미롭다
내게 멈추어 버린 시간은 얼마쯤일까
수시로 경계를 짓지 않아도
거기 있고 여기 있음을 상처내지 않았던가
그를 향해 달려가는 시간마다

무모한 되새김질로
멀어지려는 마음 정리가 닳아서 아픈 상처
버석버석 갈라지는 영혼을 풀칠하고
절망을 보듬는 일,
지치도록 움켜쥔 생각의 굴레에
소진된 기력이 주는 분노,
그런 것들로부터 자유롭고 싶은 밤이다
놀라운 진화다.

# 나무가 잎새에게

햇살이 눈부시게 웃었지
살갗을 빨갛게 태우며 결실을 보듬는
작별이 아름다웠어
상처가 슬며시 나이테로 내려 앉아
산기슭 바람이 체온을 식혀도
이 계절을 빼면 아름다운 그림이 될까
발아래 차곡차곡 쌓으면
그 예쁜 미소를 만나지 않았다 말 할 수 있을까

어느 계절도 아프지 않게 마음 지켜줄게
고열에 시달린 밤이 길듯
살아온 시간이 고달플수록
해독하는 능력도 탁월하다는 것을
앙상한 가지가 되기 전 깨달아야 하지

갑자기 생각이 혼란해지기 시작했어
무서리가 오기 전 보내야 하는 나의 분신들
덧나는 상처는 치유가 힘들지만 새날을 기약하자
가지 끝에서 얻는 자유도 용기라 했어
소박한 아름다움에 관한 이별이야기도

숨 막히는 희열일 수 있을 테니
고개 숙인 겸손을 품어 안아도
지친 오후 햇살이 아직 뜨거운데
아름다운 이름 하나 꼬옥 보듬은
가을아 그래서 너는 더욱 아름답다.

# 자각自覺

적요寂寥하고 남루한 마음 채워가며
생의 입구에 바람 집어넣는 일
보여주기 싫은 상처 덮으며
도원桃源을 꿈꾸는 일도
자신을 부풀리는 일에 종말을 보는 일
그런저런 부질없는 꿈을 비켜서서
기웃거리는 처량한 일도
살면서 자주 만나는 일이다
창마다 불빛을 쏟아내면
신문지처럼 접었던 마음
다시 펴고 싶은 생각 누군들 없을까
밀리는 체력 앞에
잡다한 세상 잠시 떠나 있는 것도
지표指標 없는 방황 버리는 것도
자신을 보호하는 일이다

# 나의 초상

부드러운 크림스프로 끼니를 때우고
무성한 기억 속을 누비다
추운지점으로 떨어지는 시간,
마음이 빙하시대에 서있다
지어놓은 얼음저택은 문이 잠겨있고
열고 싶어도 용기가 없다
땅과 하나 되기 위해 늙어가는 것 말고는
열개의 손가락으론 셀 수 없는 고통이 밀려온다
소리 없이 비명을 질러도
실험정신이 부족한 나는
깨진 글의 세계로부터 도피하며
마음을 극대화 시키는 계단에 서있다
얼마나 밟고 올라가야 끝이 나는 지점일까
도달하기까지 시간의 사무침
한편의 시작을 끝내면
무기력하기만 한 내가 거기 서있고
초토화시킨 마음이 부끄러워 빙긋이 웃는다.

# 소나기, 황순원 문학관에서

새벽별 깨우는 아침은 안개에 덮여
들뜬 마음을 감추어 주었습니다
최상의 맑음이 오랜 권태를 쓸어내리며
눈부신 가을을 만났지요

뭇 별 속에 가둬둔 사랑처럼
그립고 보고 싶었던 그리움 만나러 가는 길은
언덕을 오르고 계단을 밟았지요
순수, 절제, 국어 사랑의 삶을 경청하며
엄숙해지던 시간이었습니다

한 뼘씩 짧아지던 햇살을 따라
잔잔한 가슴 깨우던 그곳,
올곧게 살아가는 법을 배우고 돌아오던 길은
갇힌 생각 하나 깨우고
빈 껍질 같은 마음에
함부로 쏟아놓던 투정도 부끄러웠습니다

여린 들꽃 줄기 코스모스 길 따라
인연의 침묵으로 되돌아보던 길,

내일쯤 뜬금없는 소식이 올지도 모르겠습니다
소박하게 착히 살았던 그 세월이
제 맘에 물들어 옵니다

말하지 않아도 그님의 가슴이 되었습니다
짧은 순간, 유년으로 돌아가 윤 초시의 손녀가 되었습니다
그는 소나기를 피해 초막으로 저를 이끌었습니다
한 순간 별이 되어 그 가슴에 뜰지 모르겠습니다
아니, 별이 되어 뜨겠습니다.

# 여명黎明

성근 불빛 아래
눈빛을 읽어 내릴 순간은 침묵했다
뿌려 논 언어의 행간 마다
쓰라림이 묻어있다

꿈을 도난당한
새벽이 내려앉고
억울한 몸부림이 서있는 영토에도
맺힌 눈물이 강을 이루어
무지개가 떠올랐다

슬픔은 잠시 쉬어가는 나그네 같은 것
주름진 마음을 추스려 하루를 펴내고
조바심하며 걸어온
덧없는 인생행로에
새벽이 어둠을 지울 동안
잠시 다녀간 바람으로 살자.

# 비, 그리고 별

쏟아지는 빗줄기 사이로 도시의 불빛은 명멸하고
네거리의 빨간 신호등이 마음을 정지 시킨다
지나온 거리 어둠을 뿌리치고 들어온 보금자리
일상을 쪼개고 쪼갠 하루의 걸음은 늘 자유롭지 못하다
가려진 생각이 빗속을 헤매고
서럽디 서러운 것들이 내 곁으로 몰린다
욕망 끝에 닿아있는 사각지대엔
두려움보다 짙은 내 꿈이 도사리고 있고
떠오르지 않는 시어에 불을 지핀다
악상에 매달려 시름하는 작가처럼
때때로 짜증을 동반한 알 수 없는 마음이 될 때
'나는 시인이다 고운 마음의 소유자'로 낙점을 찍고
혼자 배시시 웃으며 스스로 위로하는 한 방편이 된다
어느새 창 너머에 별이 떴다
나의 로고가 '숨어서도 빛나는 별'이다
별을 바라보며 가라앉힌 마음의 시간이 내밀하다.

# 어제를 보내고

어둠을 내리며 하루가 멈추는 시간이다
치맥 두 잔에 스탭이 꼬였지만
진심이 들키지 않아 좋았어
고열에 시달린 밤에도
뜬 눈으로 맞는 아침도
무녀의 신기로 짚은 예언은 비켜갔지만
이 마음 한 페이지씩 접을 테니
그 마음 한 페이지씩 열어가라던
공허한 그 말이 생각나
씁쓸한 웃음 삼켰다

밤 내 허공을 향해 쏘았던 화살은
별무리 속을 떠돌다 제자리로 돌아왔다
닿지도 못하고 사라진 고백이
날마다 적실 가슴이 되어 사무친다
온도로 녹일 수 있는 건 무수하다
다만, 어제를 뿌리치고 일어나
자유로워지는 것,
미래의 길을 여는 아침이 되는 것이다.

# 개망초

도시의 뜰에도
여민 옷고름 소리 없이 푼 꽃들이
들리지 않는 숨소리 꺼내며 화장을 한다
살과 뼈를 열어도
품을 수 없었던 인연들이 손잡고
안개 걷히는 아침 산책길 어귀에
회색빛 지붕 위로 번져가는
아련한 봄 향기 따라
재 너머 강을 건너온 바람이
꽃대를 세우는 강인함에 놀라
온통 물들어버린 저 하얀 미소에 묻혀
분노를 끄고 기쁨만 켜 놓은
어여쁜 사랑 고백이 한창이다.

# 보내는 마음 2

포트의 찻물이 작은 소리를 낸다
슬며시 밀어둔 커피 한 잔 식어갈 즈음
생각이 고요치 못해 앓는 몸살은
상처로 길을 내는 가슴 때문이다
차단된 묶음들이 풀려
한 소절씩 메아리로 보내고
앓아눕는 작은 그리움의 방

받아 안는 그 마음 그릇 얼마나 큰지
보내는 마음 그릇 작고 너무나 초라해
부끄러운 혼선, 되풀이되는 오류다
감지가 어려운 마음속으로
던져 넣던 돌이 몇 개였는지

어디론가 마음 떠나보내도
공허를 채우던 음악도 시들하다
잠식해 오는 피로함, 조금씩 지쳐간다
시작과 끝을 잘게 부수면 사라질까
밀어낼수록 높아지는 강도剛度가
감당이 힘든 내 삶 속에 들어와 우뚝 서 있다

돌아설 준비 마치고 울먹이던 목소리
함부로 쏟아놓은 투정도
뭇 별 속에 가둬둔 사랑처럼 그립다
우리라 하며 자신이 더 소중했던 시간,
고통 없이 넘기는 책장이면 좋겠다
서툴게 보낸 이별의 시간, 후회로 남지 않기를
밝은 등 하나 켜놓고 누리는 행복이 아프다.

# 추억 너머로

강둑에서 별을 만난다
바람을 만난다
머물러 웃게 하는 달빛 앞에서도
웃음 끝에 매달린 공허
베고 자른 말, 깎고 새기며
객관적 이해가 부족했던 날들을
달래고 어루만져 근심을 줄여본다

밤물결 쏟아내는 은하수 너머
내 그리움이 잠들어 있다
부귀와 공명 다 버리니 편안하단다
논리적이고 자기중심적인 그대

눈덩이처럼 말은 부풀고
근거 없는 말에 휘둘리는 세상이치를
꿈속에서도 가르쳐 준다
단호하게 지성을 밟을 수 있는
풀들의 용기를 배우라 했지

소나기 다녀가듯

아름다운 선율이 멈추고
추억이 서있는 운치 있던 가을도
에움길 따라 가버리고
기억을 묻으며 별이 총총 뜨고 있다.

# 투표를 마치고

마음을 펴주고 정신을 내주면
새벽을 향해 갈 수 있을까
간절한 소망과 어깨의 멍에가
절절한 목소리의 고독을
용서라는 말로 삭힐 수 있을까
몸을 사르며 자책하는 아픔이 들린다
그들은 물살을 거슬러 산란을 마치면
죽음을 향해 가야하는 은어의 몸짓이다

들은 말 씻어내기가 힘든 하루
피하는 눈빛들이 곤혹스럽다
뇌 속에 착상된 독극물보다 지독한 고문이다
밤을 새워 되뇌는 자신과의 처절한 싸움
나쁜 사람 되는 일은 쉽다
상식 밖의 말들을 뱉어내고도
아무렇지도 않은 표정들이
이해를 넘어 소름이 돋는다

영원한 승자도 영원한 패자도 없다
마음을 다치고

꿈을 조각내는 시간이 길지 않기를,
지켜야 할 약속, 이루려던 모든 것,
숲이 푸르면 새들이 찾아오고 날갯짓할 테니
그대여, 행여 상처받지 마라.

# 참이슬

떠오를 때마다 던져버린 이름이
그래도 사랑이라 믿고 싶었다
이제 다시 원점으로 돌아간대도
이별이라 우겨대진 않을 거야
아직 떨구지 못한 나뭇잎 하나의 상처도
시린 눈빛 보내는 내가
챙겨주지 않아도 잘 살아온 시간을
치 떨리게 지우고 싶은 날이기도 했어
쉽게 잊지 못할 한마디 새기며
생을 마감하는 날에도
이별의 찌꺼기는 남아 있겠지

찡그리며 너를 품고도
혈관 속 찌꺼기를 걸러낸 듯한 시원함
은밀한 속내를 갈망하는 움직임이
첼로 선율에 부딪쳐 소리를 냈지
고통이라 생각하는 동안 아팠던 뇌관도
역겨운 사랑의 잔상에 혼선을 빚었다
묵언에 홀려 관능을 재우고
새벽을 열던 밤

서늘한 가슴이 따스해 졌다
내 속에서 너는 발효된 걸까
막히지 않고 뚫리지 않은 길이 없다
희망이 넝쿨째 굴러 내게로 온다.

## 눈물 속에 핀 매화

창마다 어둠을 내리고
숨어버린 시간 헤치며 싹이 튼다
부족한 수양이
미련의 끈 스산하게 흔들지만
사소한 일에 마음 다쳤던
기억의 세포가 일으키는 반란,
어제를 잠재우려 눈을 감는다

추위 끝에 매달린
돌아간 시간 서성이며
치유할 수 없는 상흔이 못내 쓰라려
상처 난 가슴에 던지는 메시지,
무수히 견뎌온 날의 숫자여
가슴을 열어라

은하수 너머 달무리 진 별 밤,
내 사랑은 오늘도 말이 없다
결핍을 감싼 대명사가
내 이름이 아니기를
저무는 도시의 바람이 담장을 넘어와도

여백에 채웠던 한 소절 노래로
향기를 팔지 않는 꽃이 되리니

# 사랑, 그 끝에는

장난 같은 시작이
내 전부가 되어버린 날
침묵 속에 고여 있던 마른침 같은 사랑
뿌리내린 사고思固의 고리를 끊어도
살고 있는 영토엔 해가 들지 않았다
눅눅한 미소는
버리는 연습부터 했던 게 아닌지

눈빛에 길을 물었던 심장
저무는 낮빛에 어색한 눈금을 긋고
가슴에 넣고도 모자라
그늘이 되었던 사람
침묵 속에 고여 있다 터져 나온 한 마디에
마주 보기 힘든 설정을 짓고
벼랑 앞이어도 좋았던 날갯짓

동공이 젖어 아프던 날
돌아갈 길을 잃고 서 있었지
바라본 구름도 잃어버린 길을 더듬었어
그 시간만큼 네 가슴도 젖었으리라

발자국 남기지 않아도
내 심장이 외쳐대는 소리가 들렸어

# 사랑 하나

어둠은 조그만 방을 만들고
보송한 솜털의 유년이 달려온다
차오르는 기쁨,
이입 시킬 수 있는 마음의 불을 켠다
물안개 자욱한 강가를 돌며
잠시의 행복에 취하고
송어회 빨간 속살 같은
뺨이 예쁜 아이의 눈동자에
초롱함이 물든 저녁
메추리알을 오물거리는
사랑스런 아이의 얼굴로
아름다운 달님이 담겼다
지나온 좌절들을 한꺼번에 묶어
경직된 마음까지 강물로 띄워 보내고
빨개진 볼 창에 비춰 보면
멍하던 의식 속으로 아침이 열린다.

# 현실과 이상 앞에서

부패한 세상에 던져진 도전정신
힘들 때마다 가슴에 장착한 분화구가
발산하는 열기
현실을 부수고
역주행 하려던 생각이 코너를 돈다
목표를 구분하는 능력이 도태되고
정신을 놓칠 것 같은 아둔함이
가슴 안에 도사리고 있다
인생 경영은 자신이 져야 할 책임의 소산
마음의 감옥에서 탈출해야 한다
그러기를 수 시간
몸을 지탱했던 정신 수양도 부질없이
영혼이 앓는 소리
몸을 차오르는
살아야 한다는 집념,
어느새 가슴 안에 잠복해 있는
방대한 고난도 프로젝트가 꿈틀 거린다
조금만 기다리자
머잖아 그 꿈은
번져가는 숲의 푸르름이 될 것이다.

# 선물

용서를 담고, 미안함을 포장했을까
냉정을 잃지 말자해도
감았던 눈이 아프다
애초에 없었던 확신이
이제 금을 그은 것뿐이다

마음의 포장을 뜯으며
그렁그렁 가슴에 박히던 눈물,
습기 찬 미소로 거울을 본다
마음에 켜둔 등불을 일제히 끄면
반항의 깃발이
잠자던 기억들을 불러 모은다

매달리는 분노를 던지며
어둠 속을 걸었다
군두더기 같은 미련의 끈을 풀고
어둠 밖으로 내민
쓰라린 기억쯤이야
덮고 말면 되는 것을

# 시험

밤 내 책장을 넘겨도 답답한 가슴
진부眞否 한 생각이 고개들 때마다
객관적인 판단을 망가뜨리는 너,
파다한 소문은 누구의 만행인지
잠을 가져간 바람의 소행일까
메스로 그어대는 고통을 넣으며 웃고 있다

초승달 같은 눈에
마음을 저당 잡힌
산안개 옷을 벗는 밤이었지
내 하늘이 되어도 좋다는 생각을 했어
날을 세워야만 이기는 승부수는 없다
처음으로 가둔 말 쏟아내며
마음으로 울던 밤이었어

지금, 내 하늘은 노랗다
마음이 주는 분노 때문일까
기억을 찾아 헤매며
연거푸 우는 일도 질력이 난다
손바닥을 다 빠져나간 모래알로
너는 아직도 그렇게 서 있는데

## 숨어서도 빛나는 별

마음이 도시 어디쯤을 헤매고 있었다
살갗에 부딪치는 매운바람도 잊은 채
저무는 밤길을 떠돌았다
차단된 벽 앞에서
닮은 별 하나 주워 가슴에 품고
떠돌다 지친 날개를 접으며
쉬고픈 때도 있었지

생각의 운하를 건너면
언제든 닿을 수 있는 거리
아득한 나라에서 내 찻잔 속으로
실금이 가는 마음속에도 찬란히 뜬다

내 손을 잡고 무작정 뛰던
그 순간부터 시작된 사랑
그립다 말하지 않아 잊은 건 아니라며
자신에게 최면을 걸었지
긴 시간이 지나도 아프기만 한 사랑
이제 그 손을 놓아야 한다고

이른 새벽 나뭇가지가 밀어낸
바람소리가 창문에 부서져도
흐르는 건 다만, 눈물이 아니고 세월이기를
그렇게 너는 내 안에 깃들어야 한다
정점이 되어 그늘을 지켜주듯이
스스로 깨닫는 사람은 아름답다

고운 꽃잎도 때가 되면 시들고
그리움을 인내한 시간도 가고 말아
바라보다 끝내 지고 마는
별빛 닮은 사랑
나다울 때가 가장 아름다운 것
이제는 이쯤에서 떠나야 할 때

# 아침 같은 사랑 카페에서 1

풋풋하게 달려와 가슴을 여는 바람
가끔 묶였던 끈들이 풀려
뜬금없는 소식도 그리운 옛사랑 얘기로
우여곡절이 한꺼번에 쏟아져 나오는 하루,
울컥, 맺히는 응석 같은 눈물의 이유가
분명 사랑이었듯
온종일 추억의 단편을 꺼내놓고 웃는다

열정의 순서에 박혀있는
꽉 찬 생활의 일부가
음악을 찾는 일,
미소 짓는 일,
한 호흡으로 사물을 안고 이해하는 일,
상처에 잠긴 말 온전히 삭히며
힘이 되었던 시간들을 사랑한다

세상에서 가장 아름답고 고운 시선들이 모여
희망을 넣어 만든 보물 주머니를 풀어서
쏟아져 나오는 분홍빛 얘기,
초록빛 노래와 좋은 얘기들로

예쁜 세레나데를 연주하는
내가 되었음을 감사한다

삶을 지치게 하는 그런 날
인식은 늘 제한적이어서
설레는 고백 받아도
돌아서면 금세 잊고 마는 나이
그리고 흘려들은 작은 뉘우침,
날 기다려준 텅 빈 집과 시간들이
미분未分이 되는 이유는 모를 일이다

# 아침 같은 사랑 카페에서 2

나뭇잎을 톡톡 부리로 쪼으며
가지 사이를 날아다니는
아침에 만난 그 예쁜 새도 금세 좋아지는데
사람과 사람의 인연이 어찌 아름답지 않을까요
카페에 머무는 시간만큼은
다만 고요해지고 싶은 마음입니다

오늘, 무거웠던 일상을 훌훌 벗어던지고
놓을 수 없었던 세월처럼 그렇게
마음으로 흐르고 싶어지는 강이 됩니다.
자꾸 출렁이고 싶게 차오르는 질 고운 흔적들이
침묵에 닿아 빈 웃음 같은 쓰라림을 만들지만
고정된 마음 풀어놓기가 그리 쉬운 일은 아니었지요

밤이면 회원님들의 흔적을 따라
반짝이는 눈빛 같은 별들을 세러갑니다
아침 같은 사랑에 새긴 이름 하나하나 기억하며
박토薄土에 앉아서도 즐거운 마음이 될 수 있음에
행복한 제가 됩니다

일렁이는 그리움을 서럽게 받아 안는,
그런 날들을 보내며
존재의 소멸이 결코 끝이 아닌 새로운 도약이기를
마음으로 기도했습니다

찌는 듯한 무더위도 마다하시고
다녀가시며 내려놓으신 흔적을 따라
이제 느릿느릿 가을이 오고 있네요.
조석으로 창문을 닫아야 할 만큼 시원합니다

아프다, 아프다 하면서
실한 열매를 매달아 준 여름이 고맙고
그 열매를 거두어 줄 농심이 고마워서
사모할 수밖에 없는 가을,
엄마의 젖 내음같이 울컥 메어오는
이 아픔 같은 그리움은 임들이 계시기에
행복했습니다
고맙습니다
그리고 사랑합니다.

## 안부

헤어진 그날부터
가슴엔 안개를 채우고
햇볕을 말하는 게 힘들었어요
그대가 머무는 나라는 행복한가요
현실을 말해주지 못해 늘 아팠습니다

사위어질 수 없는 차오르는 울분도
세월 앞에선 삭아질 수 있고요
떠오를 때마다 아픔보다는 허망함이 큽니다
그 사랑을 반복해서 받지 않으면 안 될 의무 같은 침묵이
많은 시간을 감내할 수 있는 제가 되었습니다

그렇게 서성이는 그림자로 제 곁을 지켜 줄 건가요
성토할 수 없는 자신이 죽도록 밉지만
헛구역이 올라오는 과거는
성립될 수 없는 혼란만 가중합니다
다시 돌아갈 수 있는 그날이 있다면
반드시 열어둔 제 맘을 여몄으리라 생각하지요

마음을 훔쳐오는 일이

지층의 경계를 넘는 죽음의 문서처럼 힘들어요
침묵이 그 변명을 삼켜준다면
대뇌 속 균열을 저지할 수 있을까요

정적이 드리운 가슴에
쓰지 않아도 잠겨있는 사랑
기억 속 나이를 지워도
사랑했을 때의 환희와
돌아섰을 때의 변명이
밤하늘을 가득 채우는 별이 됩니다

어느 날 찾아온 서글픈 세상은
무엇을 겨냥하며 기준을 삼을지
허둥대다 가슴에 채울 꿈도 작아졌지요
웃음까지 말라버린 박제는 너무 싫은데
내게서 발아될 수 없는 것들이 많다는 것을
이 저녁에 깨닫습니다

표정을 지우고
멀리에 두고 관조할 수 있음도 연륜일까요
삶의 반어법을 모르는
상처 난 가슴은 감을 수 없는 붕대여도
긴장을 풀 때마다 느슨해진 마음을 묶어요
오감을 마비시킨 지독한 수난이

약한 모습을 도려내고 있네요
슬퍼서 아름다운 사람이기보다
치열해서 아름다운 사람이기를 열망합니다.

## 우수雨水

잔잔한 목소리가 낮은 곳으로
살며시 내려앉는다
흐르는 마음을
가슴에 담아두면
또르르 물방울로 가슴에 안길까
적셔오는 얘기들이
가슴 한켠에 모여들어
파도가 되고 눈물이 되고

부르면 멀어질까
두렵던 마음도 묶어놓고
온종일 마음이 서성였던 그 벤치도
짙은 안개에 숨어있다
추억이 가지에 걸려 나를 바라볼 뿐
그 마음이 빗속으로 떠나지 않기를
흐르는 건 다만, 시간이기를

# 봄 언덕에 서서

새 옷을 꺼내 입은 바람이
파릇한 향 내음을 안고
능선을 따라 내려와
들판으로 쏟아진다
실개울로 내려앉은 햇살이
겨울을 털어내며
이미 시들해진 버들강아지 어깨 위에
노랑꽃 얹어주고
작별의 포옹을 끝마쳤다

추위를 잊은 물고기가
돌 틈 사이를 헤집으며
잔물결을 일으킨다
비탈을 가르며 달려온 바람이
겨울잠을 깨우고파 안달이다
정작 떼어내지 못한 차가운 시름을
살포시 쓰다듬는 부드러운 손길에
다시 되찾은 영혼이
미소로 화답하며
붉고 푸른 가슴을 열었다.

## 아무 일 없었던 것처럼

실없는 웃음 흘리다 찾아온 밤
믿었던 걸음에 지쳤는지
고사목 가지에 박제로 걸린 마음,
즐비한 핑계 들으며
애써 간격을 좁힌들 성격까지 좁힐 수 있겠는가
상처 난 자리 바르는 수액은 더 아프지
아픔엔 눈물이 보약이라고 왜 아니 흘렸을까
억지 쓰는 일 그만 듣기로 하자
저급한 믿음 간결하게 끝난 하루가
사라지고 난 뒤의 허전함,
노을 따라 지나던 바람이
너를 스치고 또 나를 스쳐갔겠지
그래, 알아
네 맘이 내 맘이라는 거
쓰라림 덧나지 않게 다독여야해

# 사랑하는 이여

괴테가 손목을 잡고
헤르만 헤세가 발목을 잡아
읊어가던 글에 심취되어
그대를 볼 수 없었지요
사랑이란 건 불편한 기억까지도
핏줄을 따라 휘돌던
꿈도 지울 수 있다는 것을
하늘에 걸린 별들의 미소가
오늘 말을 했습니다

신문의 사회면만큼 시끄러운 세상에
그대가 구현하는 것들은
낡은 사상이었지만
추상적인 것보다는
편한 믿음이 좋았습니다
마음에 뜨는 별이 되어
낮은 음절로 들려주는 노래가
자음과 모음이 분절되어 재미없어도
마농의 샘물을 떠다 주는
그대가 있었기에

행복일 수 있다 생각했어요

그런 맥락으로 시간을 짚어가며
오늘도 헤어날 수 없는
가시거리可視距離에서
엇박자로 나가는 그대를
지치도록 바라보는 어리숙한 내가
그래도 행복합니다.

## 산소山所

발등이 눈물에 찍혀
기포를 일으킨다
능선을 휘돌아 달려온 바람 따라
잔등을 구르는 햇살에도
홀로 몸져누운 땅은
흐릿한 안개의 성이다

푸른 반항을 일으키는 새싹
다투어 돌아눕는 꽃
상실의 쓰라림은 마른 웃음으로
빈자리마다 허망의 덫을 놓았다

혼절한 영혼을 불러 피맺힌 절규로
유리 조각 위를 맨발로 서 있다
고통으로 배어난 핏자국 흩어지며
살이 튄다
뼈가 저리다
전할 수 없는 슬픔의 심로心勞

달이 뜨고 별의 눈물로 안치된

적막으로 남겨진 이름 위에
떨어지는 별
세월로 덮인 별무리 속삭임에도
열지 못하는 침묵의 성城

## 간이역에서

덥고 추운 건 생각의 차이다
먼 나라엔 지금 여름이 있고
아직 겨울에 서있는 나는
봄을 만나러 간다

흩어진 마음 일으켜 세우며
긍정과 부정 사이를 오가며
여러 날 끙끙 앓았다
마음에 쏟아 붓던 비가 사흘 만에 그쳤다
누구에게 상처주고 상처받지 않는
오늘이고 싶다

떠나고 남은 자리
보내고 남은 자리
다시 돌아오고 다시 떠나가고
한 번 떠나면 되돌아오지 못하는 강과
돌아오지 못하는 사람들
지금 정거장 한켠에 서 있는 마음도
떠나지 못하고 서성대며 그림자를 밟는다

자주 느끼며 자주 아파야 했던 마음
단번에 털어낼 수 있다면 가야만 하지
영원한 내 것도 영원한 삶도 없는 이곳에서
순간순간 잘 살아내는 것 또한
아프지 않게 죽어갈 수 있는 모토가 아닐까.

# 어느 날 문득

느닷없는 울렁임으로
내게로 왔지
어렴풋 떠올리는 숨결 하나도
소중한 적 많았어
버리고 싶은 거리만큼
헤어날 수 없었던 정
웃음을 잃어버린 과거로부터
저기 어디쯤 기다릴지 모르는
무표정이 다시 보고파
네게로 간다
기억을 버리러 네게로 간다.

## 황산에서(중국)

해와 달, 비와 바람,
모든 섭리의 창조자,
그 힘은 위대했다
천혜를 입고 태어나
빼어난 자태,
벼랑 앞에 서면
작은 몸짓 하나에도 장엄함이 묻어있다
모든 만물을 안아도 좋을
넉넉한 가슴이 거기에 있었다

웅장한 서해 대협곡大峽谷
아슬아슬 깎아 세운 기암괴석奇巖怪石
절경 속, 비경인가
안개 바다가 펼쳐진 계곡으로
잠긴 시름 던져 놓고 저무는 햇살
인간의 발자국은 어디에든 남겨져
휘둘리지 않으리라
부단히 맞서 있으라
자국마다 물든 서릿빛 추억이 되어
다시 그리울 생각 한 손에 꼭 움켜쥔다.

# 체념 속으로

갈 수 없는 나라,
당신은 저만큼 서있는 착한 나무,
나는 서러운 꽃이 아닌지

시간과 날짜 사이를 오가며
심장 박동을 세던 어제 일들이
순간의 환희로 채워지고
지금은 한낱, 헛된 꿈이 비로 내린다

아프다 고백하는
저 깊은 속마음 알아챈 지 오랜데
이렇게 서서 바라만 보는 나

날개가 젖어버린 그칠 줄 모르는
그대 쓰라린 아픔의 빗소리
자유를 멀리한 신전 앞에
거짓말처럼 서있는 내 모습도 아프다

생각이 깊어질수록 커지는 고뇌,
마음 낮추는 일은 어렵지 않다

사랑 하나로 다 덮을 수 있으니
이제라도 웃음이 내 맘속에 들어와
푸르게 컸음 좋겠다.

# 토담집

구름의 언어로 세운 터
문명에 밀려나 더욱, 돋보인
그윽함이 배어있던 고즈넉한 쉼터
하찮은 이유들이 거북한,
은밀한 숨결 속 어디쯤
희미한 기억들을 묻어놨을까

얼기설기 어설픈 벽속에 숨겨둔
빗살 사이로 스며든 미세한 흙 내음
흐린 불빛을 따라 단조로운 하루가 저물고
고단한 생각 접어둔 채 일상에서 벗어나
두런두런 함께 나눈 덕담 속에
아름다운 감정의 물결 이루며
반짝이는 미소가 피었다

정다운 얼굴 하나하나 기억 속에 넣고
첫 별이 뜨는 언덕에 서서
사사로운 사고思考도 무안해지는
무덤덤한 삶을 마중 나온 겸허한 자태
생각도 마음도, 상처 없는 고요함으로

아름다운 생각 하나,
거기 그렇게 편안한 얼굴이 있었다.

## 그대를 바라보면

울음을 그친 가슴을 열면
일곱 살 아이 같은 바람이 들어온다
눈빛을 보면 서러운 기억이 모이는 창,
말하지 않아도 느껴지는 잔잔한 그리움이다
아픈 사랑 그만하자 맘먹으면
가슴에 안겨오는 눈빛
부족한 지혜로 헤쳐 온 시간이 너무 기막힌
맨발로 서 있는 집시,
자체를 부정하기엔 너무 멀리 와 버렸다
간절할 때 이뤄지는 소망
날이 갈수록 짙어지는 그 사랑이 두렵다
떠밀고 돌아서도 한 곳을 바라보는
베짱이 같은 나를 용서하고 또 용서하며
실종된 시간을 데려다 준다
그 눈먼 사랑 가슴에 담으면 희망이 열렸었지
내 마음엔 있지만 내 곁엔 없는,
부질없는 믿음의 끈 잡고 있으면
눈처럼 희망은 쌓이고

# 레드와인 속의 별

겨울이 떠난 자리에
담장을 가득 채운 봄
도피의 족적을 하얗게 지우지 못한 채
어제도 그제도
천장 가득 마음 속 우주를 그려 놓고
소리로 닿을 수 없는 곳의
별을 세는 마음 애절하다
잠을 잃어버린 밤엔 더없는 벗이 되고
고루한 생각 헤어날 수 없을 때
위로가 되는 너
중독의 경지로 몰아가는 건 아닐까
살짝 우려의 숨길이 되기도 하는
붉은 미소로 유혹하는 밤
내 안에 너를 가두어도
열어둔 마음까진 잠글 수가 없다
오늘도 가슴 가득 푸른 별들이 쏟아진다
내게 그리움을 매달아 주는
별,
별,
별.

# 미국 데스밸리에서

LA 공항에서 12시간 캠핑카로 달려간 곳
태양을 받은 모래가 참아낸 시간은 얼마였을까
사막을 달군 햇살을 피해
신기루는 숨어있었다
무엇으로 빚어도
저리 아름다운 문양을 만들 수 있을까

밤이면 사막 위를 숨어있던 뱀이 기어 다니고
사막여우가 먹이를 찾아 발자국 남기는 곳
가시나무 파란 잎사귀는 누구의 먹이일까

늦은 저녁, 보석을 뿌리듯 쏟아지던 찬란한 별이
황홀하다 못해 경이롭다
동그랗게 둘러앉은 호텔 뒤란,
즉석에서 신청한 곡,
그 애와 나랑은, 이장희님의 통기타와
솜사탕 같은 달콤한 목소리로 라이브를 듣고
느껴지던 공명을 온 몸으로 받으며
세상에 외치고 싶었던 말,

난 정말 행복해

아득한 전설 속 피난처로 도피하듯
단층 호텔의 안락한 편안함에 빠져
뜨겁던 대지에서의 고단함을 쉬게 하던 시간
다시 보고 싶은 데스밸리 밤하늘의 별

# 벼랑 앞에서

절망의 끝에 서보면 안다
용서라는 최고의 사랑이 무엇인지
잡다한 일 피하고 칩거하는 동안
바람의 횡포가
아름다운 꽃이 된다는 것을
안부 물어주지 않아도
어디쯤 행복이 오고 있다는 것을
스스로 통제할 때 강성해진다는 것을
품고 사는 답답함보다
베풀고 사는 즐거움이 기쁨이라는 것을

# 두만강에서

상현달이 걸린 나뭇가지에
추억을 걸어두었다
밤이 깊을수록 추억은 선명하여
별들의 축복 속, 환한 얼굴이 웃는다
낯선 땅 강가에 달이 잠기고
담을 수 없는 추억이 될까
카메라를 든다

바람처럼 눈으로 다녀온 북녘,
옅은 물살 폭 좁은 작은 강
두만강 다리를 건너
중국으로 오는 화물차의 소음이
배고픈 동포의 신음소리 같다

비든 눈이든 내렸으면 좋겠다
쩡쩡 얼어붙던 날씨가 한풀 꺾이면
강물도 다시 풀려
가난한 마음 속에도 온기가 돌겠지
고요한 마음 발효되는 시간,
버들강아지 피는 두만강에도 봄이 올 거야.

# 사려니 숲 길

긴장이 풀릴 때마다
기억의 습지에서 자라던 갈등이
소멸될 것 같은 이곳,
온 몸으로 맞는 피톤치드의 파장이
마음에 자라던 맹독성 고뇌를
유추할 수 없이 붕괴시킨다
가슴 적시던 이슬 같은 행복이
곧은 길을 만들어 간다

귀여운 요정이 나타나
얘기를 들어줄 것 같은 설레던 가슴
내게로 달려왔던 꽃과 실바람, 숲의 장엄함이
치열한 삶과 구차한 변명을 단번에 정리해 준다
푸른 하늘이 열리고
품지 못할 미련이 삭제되는
아! 이곳은 태초의 에덴인가

아름답게 펼쳐진 숲길의 향연이
느린 걸음으로 4시간 완주다
눈시울 적시던 기억 다 쏟아내고
살면서 딱 이만큼만 설레고 싶다.

## 상처, 나만큼은 아니구나

마음에 담아놓은 색채 위를
그는 걸어다닌다
내 표정과 눈빛은 아랑곳없이
무심하게, 무정하게
가끔 휘파람을 불기도 하고
씽긋, 윙크나 웃음도 보내며
마음을 휘휘 저으며
커피 향처럼 가슴을 두드린다
묵정밭이 되기로 마음먹은 순간부터
터놓고 들여놓은 가슴 한 복판을
자신의 집처럼 드나든다
심장 중앙에 꽂힌 화살,
이젠 뺄 수가 없다
화를 내거나 미워해도 눈치가 없다
뜨겁지도 차갑지도 않은
천치 같은 내 심장은
그래도 줄기차게 뛰고 있다.

# 선물 같은 시간

매사가 애틋해서일까
이 세상에서 그를 연결시켜주는
매체가 닫혀 지고
또 하나의 상처가 저장되었다
먼저 이별을 말해놓고 뒤돌아서던 날
우습잖은 오만이 도사린
그 심리를 표현할 길이 없다
빗소리에도 인문과 자학을 쓰며
있는 듯 없는 듯,
속박지처럼 말없이 물들어 살지 못했다
용기가 없어 울타리를 넘지 못하고
스스로를 가두며
내게 맞는 처절한 열연을 했을 뿐이다
신의 횡포로
누군가에겐 사랑이 되고
또 누군가에겐 눈물이 되었던 시간들
이제 모두를 수용하니 마음이 편하다.

# 어릿광대들

많이 지치고
불편한 마음 조절할 수 없어
두 얼굴이 곧 잘 되는 날
끙끙 앓다 무뎌진 상처로 눈물이 난다
나아지겠지
추위처럼 잊혀 갈 거야
냉정을 찾아가는 일과 중에
무심히 잔인함을 불러내기도 한다
염려할수록 애틋해지고
수없이 다독이며 가라앉혀도
쌓이는 오해는 끝을 모르고
미소 뒤에 숨은 과장된 얼굴
그늘진 수심에서
더디 피어도 예쁜 꽃이 된다면
밀어내지 말고 용서의 깃발을 올려야지.

# 새드엔딩이 싫어서

머릿속은 음표를 그리고
손은 익숙한 얼굴을 데생한다
사랑을 지우고
그리움을 지우고
기적을 일으키자

마음으로 떠밀려
환상 너머로
느껴지는 사람의 향기에 끌려
예쁜 말은 덤이다
힘든 말 피하고
익숙한 말 숙지하던
가슴에 심기엔 애잔한 나무
그에게도 그늘이 있었을까

조그만 빛 그림자에도 화들짝 놀라
저무는 가슴에
아픔 같은 감성 쏟아 내지만
애틋한 마음 덧나지 않게
이제 잡으려던 손을 놓아야 한다

지척의 거리에서
보고 싶은 마음 접으며
말없이도 되는 이별
바람을 타도 아프지 않은
여기쯤이 딱이라고

# 어지러운 세상

허상을 사랑해서 생긴 병
하늘을 떠돌다 내린 몽유병 같은 망상이
마음 가득 꿈으로 떠다니고 있다
시간이 토막 나고
지구가 흔들리고
부끄럼을 덮으려 안달이 났다
고집에 길들여진 세상 바라보며
한숨이 높다
밤에만 태우던 적과의 동침이
혼돈의 시간을 건너간다
다른 각도로 찍어보자 저 비린내 나는 세상을
고뇌를 불태워 만조滿潮의 바다에 띄워 보내자
신의 역사를 거슬리는 거짓 광대들의 합창이여
참담한 패배의 쓴 잔을 들었노라, 마셨노라
군주의 날개 위에 배를 띄우고
해안선 밖으로 날아간다
진실이 거짓 앞에 무릎을 꿇는
아! 여기는 동토의 나라.

## 연가戀歌

맑고 애틋한 심상에 젖어
웃으면 다 속는 세상에
내가 들어있어 슬프다
습기 찬 세상을 꺼내 놓고
지우고 싶은 낯선 고백이
상처 난 말을 풀어헤친 거다
지금, 가난한 마음보다
더 낮은 것들을 품어보며
세상을 지우고 떠난
저 불빛 같은 삶이 내게로 와서
각인시켜 준 선물,
마음을 조율하는 가장 현명한 방법은
혼선을 자책하지 않고
얼음에서도 꽃을 피우는 것
그대 향해 띄우는 사랑의 소곡
은파를 타고 하늘까지.

## 자폐증

거짓말처럼 잠깐 사이에
또 다른 세상에 와있다
골목을 걸어 들어와 낯선 곳에 닿았다
동공에 번지던 서글픈 사물들
멀쩡한 몸을 시험대에 올리고
질투의 화신이 찍은 점이
놀랍게도 마음엔 평화가 깃든다
신이 실수로 내린 오류일까

버라이어티한 삶에 저당 잡혀
웃음을 잃은 날부터
끔찍한 순간들이 떠올라
희미해지기를 고대한다
생각을 펴고 접는 일이 참 어렵다

시선을 어디에 두든
제 정신으로 살 수 없는 일이
한 순간에 일어나고
풀어헤친 뇌 속 어딘가에
또 다른 실금이 생긴다

세상을 다 찾을 듯이 무장을 하고
평화를 가장한 전쟁터에 홀로 서 있다.

# 직립直立

머리맡엔 늘 슬픔이 시간처럼 쌓여갔지만
간절함과 절실함이 지탱시켜 준 세월
내 어깨에서 살포시 내려앉은
아이들의 힘찬 발걸음이 여유롭다
멍에라 느껴본 적 없었지만
시간과의 싸움은
멀리 있는 그와의 거리도 가깝게 느껴져
별이 되어 총총 뜰 그를 오늘밤 만나봐야지
강심을 비추던 달이 사라진 비오는 밤이라도
구름 속에 가려진 그를 만나고 싶다
생애 모두를 걸어도
다시 만날 수 없는 얼굴이지만
오늘은 그를 만나
무게를 내려놓은 가벼운 발걸음을 자랑해야지
세상을 향해 변명할 일도 고백할 일도
없었노라 말해줘야지.

## 천태산

천태사 대웅전을 거쳐 무량수궁을 만나면
등마다 불을 밝히던 할머니의 기도가 들리는 듯하다
선조들이 살아내신 아픈 세월을 내려놓고 기원한다
극락왕생의 기도를 마치고 등산로를 따라 오르면
성황당 고갯길을 내어주는 넉넉한 가슴이 있다
시원한 폭포 줄기를 안고 오르면
높다란 용연폭포가 마른 가슴을 보여준다
조금씩 발자국을 옮기면 숲 사이로 댐이 있고
천태산 정상을 알리는 새김돌이 630.9미터를 자랑한다
폭포를 만나고 암벽을 만나는 아름다운 산
충북의 설악이라 했다
남고개 옥새봉 휘돌아 오면
아름다운 영국사 사찰 앞에 천 년 묵은 은행나무
그 앞에 서면 누구든 숙연해지며 감탄사를 멈추지 않는다.

# 철드는 계절

제법 찬 공기의 저녁,
존재의 출발이 항상 그랬듯
사랑받을 일은 끝났지만
사랑할 일만 남았다
노블레스 오블리주의 큰 뜻이 아니라
작게나마 돌려주는 일이다
진실의 수레에 실려 있는 꿈으로
늘 함께 있었던 사람들과
잔잔한 인연들을 생각하는 밤
긴장이 어깨 위로 내려앉고
밤이 오는 골목을 걷다가
슬그머니 내 그림자를 밟는다
그림자라도 밟아야
벅찬 마음 조절이 될 것 같다
차단 없이 들어와 나를 훑고 지나는
카톡과 스토리의 불필요한 친구를 삭제하며
나는 철인이 아니라고,
출발은 쉬웠지만 대상이 힘들었다
모든 벗들이 비껴가는 인연이 결코 아닐진대
상처 받지 않길 바라며

체념을 처방했으니 생각을 정리하겠지
내 기억 속의 그들은 우직하지만 다정했고
투박했지만 나를 웃게 한 사람들이다
오래도록 기억에 머물 것이다
오해 없이 휘둘리지 않는 바른 길 열어가기를

# 친구

익숙해져 있는 동안 민낯을 몰랐고
큰 가슴 품었다 착각하며
느낄 수 있었던 무게의 양심을 몰랐다
어둠이 익숙해진 시간과 마주하며
금 그은 후회스런 하루가 간다

새들의 날갯짓이 새벽을 깨우면
좋아했던 기억으로
밤 내 깊어진 눈매,
아프지 않게 좋은 것만 보자
아직도 철이 덜든 나처럼
심통이 가득한 세상 속에 그녀도 서있다

품고 다독이다 지치면 약도 없다
서로 깊이가 다른 마음
곱씹으며 이별로 향해 가는 길
이 가을이 주는 시련이 참으로 크다.

## 태양

밤 내, 별 속을 헤매다 돌아오면
수척해진 마음 닦아주는 너 있으니
열지 않아도 저절로 열리는 아침
고요를 안고 돌아 누우면
우주로 보이는 너
신비로 돌아간 시간의 휴식엔
너의 웃음 사이로 내가 떠돌고
반짝이고 싶은 너의 한 가닥 응석,
그 몸짓 살 내음 하나까지
맑음이 가득 배인 살갗은
품고 또 품어도 사랑스런 너.

## 황금궁전(미국 LA 비버리힐스 로데오 거리에서)

한국의 왕자님은 외제차로 출근하고
낯선 거리에 서있는 내 모습이 낯설다
버리고 온 시간만큼 채울 수 없을 때
체득된 심오한 진리가 방향을 잃는다
뇌 속 가득한 식견이 무색해지는 날
미련을 품은 그 마음 간절해서
바라보는 눈도 시리다

절제의 단위가 어디까진가
생각이 꼬리를 물다가
난관에 부딪치는 보폭,
명품 인생을 살고 싶은 속성이
고개를 든다

유명 브랜드가 즐비한
명품거리를 활보하다 들어선 곳
구찌, 루이비통, 샤넬을 휘돌아 나오며
페라가모에서 선글라스 폼 나게 하나 사고
버버리에 들러 스카프를 샀다
핑계는, 삶이 지루해 오기로 좀 써 보자가 답인데

고작 소품 두 개에 환전한 달러가 바닥났다
명품관을 몇 바퀴 돌아보며
작은 나라의 백성임을 실감한다.

# 태국 파타야에서

에메랄드빛 바닷물과 환상적인 은모래
바닷가 파라솔 아래서 먹었던
대하의 맛을 상기한다
애드벌룬을 타고 하늘도 날아보고
산소마스크 쓰고 바다 속으로 들어가
수없이 많은 아름다운 열대어도 구경하며
가족과 함께했던 시간들이다

석양이 지는 모래톱에서
나를 흔들던 바람
끝 간 데 없이 어긋나기만 한 시간들이
하나로 뭉쳤다
한 자리에 모여 맛있는 음식 나누며
행복해도 되는지 모를 일

숨 가쁘게 해는 지는데
잔잔한 파도도 마음을 난타했지
다 잊고 오늘만 생각하자 해도
아이들의 환한 웃음 속에서 추억을 찾고
반은 까맣게 탄 가슴 위로해 본다

사무치게 부르면 저 파도를 타고 다시 올까
귀 막고 눈 감아도 떠올라 아픔이 되는 이름
아무리 용감해도
이 순간 부를 수 없는 이름이 되어
우리 앞에 머물러 있다
목 놓아 울지도 못한 세월 앞에
누구라도 스치면 터질 것 같은 풍선이 되어

# 정선 아라리촌의 밤

푸른 별빛 흐르는 그곳은
어두운 지난 세월의 반추는 의미를 잃었다
무서운 고립,
검은 미소의 상처받은 가슴이 거기엔 없었다
몸 깊숙이 차올랐던
맺힌 마음 묶어놓은 울분도 사라지고
희망의 도약으로 날갯짓하던 곳
떠난 옛 사람이 다시 찾는
새롭게 태어난 아름다운 고장

물레방아, 연자방아 한가로운 길목을 돌아서면
산골 아낙네의 정성이 깃든 음식
산나물로 치장된 풍성한 식탁
녹두전, 동동주, 간이 알맞은 부드러운 나물 반찬,
태어나 처음 먹어본
토속 음식 곤드레 나물밥
가식 없는 삶이 그대로 배어 있는 곳

뭇 별의 숨소리 차곡차곡 저무는 밤엔
너와집 모퉁이를 돌아 기와집 담장을 넘어온

맑은 바람이 어깨 위까지 내려앉고
운치 있는 옛 가옥의 설레던 하룻밤
벽에 걸린 명주옷 한 벌
고운 손길로 한 땀 한 땀 마음으로 지은
옛사람의 솜씨를 눈에 가두고
맨살에 닿던 포근한 침구에
낯설지 않은 요람을 느끼며
여명이 올 때까지 단잠 이루던 그날은
세월에 물든 교만한 마음 모두를 내려놓은 곳.

# 악연

차 한 잔 우려낼 동안
얼굴에 띄운 홍조
한 잔 다 마실 동안에도
덕지덕지 욕심 굳히기를 면치 못했다
오랜 세월 내내 가슴을 욱죄이게 했던
가슴에 살고 있는 작은 상처의 방에서
꿈틀대는 요동소리
볼 때마다 심장이 가속 운동이다
돌아서면 찝찝한 건
아름답지 못한 인연 때문일까

어제와 다른 생각들이
종종 결별을 선언한다
계절이 흘리고 간
땀방울보다 하찮은 얼굴을
그땐 그 서러운 바람소리에도
마음을 가누지 못했지
덤덤한 마음으로 마주 대할 수 있기를
기도하는 마음이 된다.

# 쓰디쓴 기억을 덮으며

현실을 지키려 과거를 내려놓았다
차례로 밀려와 가슴을 헤집는
삶의 모서리에 부딪치는 검은 돌,
가슴을 열어도 닿을 수 없는 언어
그저, 잊은 듯 상처 보듬으며
살아낼 수 있게 그냥 두면 얼마나 좋을까
유린당한 뇌 속을 눈물로 열 수 있다면
매장시킨 기억을 깨워
마디마디 맺힌 지난날을 잘라내고 싶다
나를 지우고 산 수많은 시간들,
상처 난 가슴에 든 격조함
멀미가 날 것 같은
쏟아버린 시간들이 한데 엉켜
곱게 저물고 싶은 가슴
산산이 헤치며 지나는
이 언어의 만행은 무엇인가

## 별리別離

적당한 간격을 유지하며
추억에 밑줄을 긋지 않아도
매 순간 살아나는
생각 안의 커피처럼 묻어있는 향기
오랜 기억까지 되살아나는
목마른 자아의 기품,
비우고 간다는 마음 설정은 꿈이 되고
고뇌의 늪에 든 채
연인이든 도반이든
상처를 주지 않고 산다는 건 무리다
의지가 꺾인 시간들이 비처럼 쏟아져도
바삭한 입안의 단내가
메아리로 남는 시간
오늘도 마음은
창문의 불빛을 끈 가로등이 된다.

# 자아를 찾아

스쳐간 이름들
기억의 두께를 말로 풀어서 무엇 하리
쓴 기억의 잔 마주할 자신 없는데
숨 끝에 맺혀있는 얼룩진 파장이
눈 감고 마음 닫는 일이 눈물이 되네
살아야 할 무리수가 절망일 수 없게
어머니의 길 말고는 생각하기 어려워
가로수 빈 거리 걷고 또 걷는다
지금 나는 어디로 가고 있나
일어선 시간만큼
남겨진 분신에 목이 매여
원하는 진실에 닿을 수 있는 날이
절망일 수 없게
스스로 무적이 되는 날이다.

# 봄이 되면

돌아보면 그 자리에 있을까
부르면 부스스 일어나 내게로 올까
추상적인 고백에 가슴 설레던 시간이 있었다
푸른 생각을 열어 거친 세상을 보듬고
마중 나온 신 새벽을 깨워
지치도록 함께 있고 싶었던 기억,
우렁찬 세상을 열어놓고
아무거나 꺼내 입고
맨발로 걸어도 아름다운 숲길
속으로만 둥글게 채워가는 나이테로
생각을 다듬어 목가적인 시를 쓰고
몽상과 현실을 오가는
이원적인 생각을 다듬어
구문이 거추장스럽지 않은,
관형구나 부사가 무겁지 않은,
글 한 편에 희망의 날개를 달아보면 좋겠다
가난한 마음이 되어 더 낮은 것들을 품어보고
무기력해지는 저녁 창가에
추억을 꺼내놓고 웃을 수 있게
아련한 기억을 쏟아내면
그 시절 잃어버린 목소리가 들린다.

## 친구야

지금 이 느낌 무엇일까?
아무것도 위로가 되지 않는 시간
내게 오는 마음이 힘들지 않았으면 좋겠어
올 땐 맑은 바람과 밝은 웃음이면 돼
보고 싶다 등 두드리지 않아도
다 알아채는 영민한 내가 눈치 채지 않도록
그저 웃음 한 번 환하게 웃어주면 되는 거야
느슨한 마음을 추켜세우며
우울이 동반된 하루를 보낸다
바라는 건
할 일 다 하고 바라보는 네가 아니라
많지 않은 시간 쪼개어
나를 바라봐 주는 너였으면
그래 욕심이다
속도 모르고 속는 어줍잖은 믿음
결핍된 정서가 보이는 어리숙한 아이 같다.

# 어느 늦은 밤

복잡한 생각을 다 퍼내면
들어설 자리가 조금은 여유로울까
안을 때만 뜨거운 게 사랑이 아니었는지
가슴 밑바닥까지 그의 향기로 가득 찬 오후
체온도 입김도 식은 지 오래인 시간이
상실의 아픔에서 깨어나려 안간힘이다

아삭아삭 씹히는 김치 맛도 시큰둥한 점심
햇빛 그립고 사람 그리운 식탁에 홀로 앉아
느낄 때마다 목이 메는
밥알을 넘기지 않아도 될 텐데

사물에 대한 예민한 촉각을 부여한
신의 존재가 너무 싫어서
하늘로 눈 한 번 흘겨주고
태우고 태워도
재가 되지 않는 끈질긴 착상을 원망해본다

어둠을 삼킨 하루가 멈추는 순간이다
허공을 향해 쏘았던 진심이

별무리 속을 떠돌다 제자리로 돌아왔다
닿지도 못하고 사라진 고백이
사무치게 차올라 심장을 압박한다

수없이 쏘아 올린 화살은 꺾이고
여전히 제 자리를 벗어나지 못하는 망부석 되어
날마다 적실 가슴인 줄 알면서
현실을 벗어나지 못하는 바보

온도로 녹일 수 있는 건 무수하다
다만, 그를 뿌리치고 일어나
자유로워지는 것,
그것만이 머리 아픈 생각의 해방인 것을

## 바보 같은 하루

고단한 심장이 그에게만 뛰는 이유,
기억 속에 들어와 나를 아프게 하는 이유,
모를 거야
늘 고달프기만 한 건 아니지만
지루한 하루가 얼만 큼 기막힌지
커피물이 끓어 넘쳐도
모르고 서 있던 싱크대 앞,
봄이 성큼 옷자락 잡아끌며
나들이 하잔다
오늘은 뭘 먹을까
다 귀찮은 저녁이 되면
커튼이 내려진 창 밖에 시선을 두고
오지 않을 사람을 기다리는 심정
찾아봐 줘
정말 모르겠어
그를 버리고 가는 길이 어디 있는지
아직도 버벅대는 기억 장치가
추억이라는 돌에 걸려 헛바퀴가 도는지
날렵한 주먹으로
머리 한 번 쳐주면 좋겠다

거미줄로 엉킨 생각들
단 번에 날려 버리게

# 푸른 소나기

어쩌나
갑자기 저문 하늘이 울고 있다
오기로 버티던 차오르는 오열이
버림받은 호수를 적시고 있다

허기를 감춘 눈동자 속에
저녁을 불러들이고
꽃등심이 아니어도 행복한 식탁 앞에서
아픈 붕대를 푸는 날이 올거야

기진해지는 체력도
부재를 못 견뎌 뒤죽박죽이던 삶도
거리에 버려진 생각조차도
절망이 끝날 시점까지만 보류하자

쟁여 놓은 욕심들을 한꺼번에 쏟아 붓는다
그늘로 숨었던 평화가 가득 담겨
생경한 이름이 내 안에 가득 차오르고
불투명한 미래에 거는 기대조차
적시고 있지 않은가

가지마다 젊음을 매단 푸른 잎새로
푸르고 싶게 푸른 나무가 되어
나도 누군가에게 좋은 사람으로 남았으면

# 사선에서

아름다운 미소 보내던 그 표정
뉘우치며 기도하던 몽매함의 끝자락
세상에서 가장 진솔한 모습 남기고 사라졌다
명품 옷 걸쳐도 모면하기 어려운 빈티
그 표정이 그땐 왜 그리 좋았을까
지금, 구름옷 입은 그를 바라본다
기억 어디쯤을 헤매는 나를 보고 있겠지
진부한 얘기도 재밌게 들어주던 시간은 흘러
떠난 빈자리에서
잃어버린 꿈 하나를 줍는 밤
사랑은 망각의 강을 건너야 한다
연마다 들어있는 의태어가 봄을 데리고 와도
신록이 우거진 짙은 녹음 속,
꽃보다 아름다운 단풍 속에서도
흰 눈이 세상을 다 덮어도
차마 잊을 수 없는 이름 하나.

**小蘭 姜玉姬 詩人**

•《창작과 의식》 시부문 신인상
•제5회 한국 영농신문, 한국 농촌문학상 최우수상 수상
•문학사랑 제28회 인터넷 문학상 수상
•한국문인협회, 대전문인협회, 한국여성문학인회, 한국예술인복지 재단, 대전대덕시낭송협회, 대덕문학회, 시상문학회 회원
•저서 - (1시집)《별보다 고운 눈물 내 안에 가두고》
(2시집)《흑조》

**대덕문학시선 001**
**소란 강옥희 시집**

데생, 그리고 독백

지은이 / 강옥희
펴낸이 / 박영호
펴낸날 / 2018년 3월 20일
펴낸곳 / 도서출판 **다래헌**
대전광역시 동구 선화로 218-1(정동 39-26)
TEL(042)254-2599~8
FAX(042)254-2549
E-mail daraeheon@naver.com


ISBN 978-89-87122-79-3 03810

값12,000원